AF224559

LETTRE

SUR

la Traite des Noirs,

A LA SOCIÉTÉ

des Amis de la Morale Chrétienne;

par

Un Américain.

A Nantes,

e l'Imprimerie de Victor Mangin, quai de la Fosse.

1827.

Lettre

Sur la Traite des Noirs.

~~~~~~~~~~~~~~

A LA SOCIÉTÉ

des Amis de la Morale Chrétienne.

Messieurs,

Le titre que vous prenez semble annoncer une société d'hommes religieux réunis pour propager toutes les vertus chrétiennes, consacrant leurs loisirs au bonheur de l'humanité, et prêchant la morale douce et tolérante de l'Evangile; mais, comme on l'a déjà observé, toutes les associations qui s'appuient sur la religion ont jusqu'à présent marché vers un but totalement opposé à celui vers lequel elles auraient dû se diriger. C'est ainsi
~~~~~~~~~~~~~~

que nous avons vu, tour-à-tour, la très-sainte Inquisition, la Sainte-Alliance, l'armée de la Foi, la Société du Saint Nom de Jésus, les Apostoliques espagnols, &c., &c. Que de fois l'ambition et le despotisme ne se sont-ils point couverts du manteau de la religion! Ces précédents ne sont pas pour vous d'un augure bien favorable; et c'est, je crois, vous donner un conseil prudent, que de vous engager à supprimer l'épithète *chrétienne*, dont votre société se qualifie. Il me sera facile de vous démontrer qu'elle ne vous convient nullement.

L'abolition de la Traite des Noirs est l'objet le plus constant de vos efforts. Aucun de vous n'a peut-être jamais quitté l'Europe; vous n'avez jamais vu les colonies que sur les cartes de géographie. Si, satisfaits de faire de vaines déclamations sur des choses qui vous sont étrangères, vous vous contentiez de soutenir une opinion erronée avec la modération et le calme qui conviennent à de bons chrétiens, on se bornerait à sourire de votre ignorance. Mais vous vous abandonnez à l'emportement et à *la* *fureur*, vous ne réfléchissez pas même (je me plais à le croire) à l'indélicatesse et à la bassesse des moyens que vous employez. Vous n'épargnez pas les injures les plus grossières à des hommes qui jouissent d'une réputation d'honneur et de probité justement méritée. Les noms d'*assassins* et de *vils scélérats* leur sont prodigués avec une libéralité qui n'a assurément rien de très-chrétien. Vous avez des émissaires qui se glissent furtivement dans les navires, jusque dans le cabinet du négociant et dans les ateliers du manufacturier. Je le demande à votre ami M^r de St...., à quels traitements ne s'est-il pas exposé, dans son dernier voyage à Nantes, quand, dirigé par le consul d'une nation qui fut toujours notre plus cruelle ennemie, il est allé chez vingt personnes jouer un rôle que chacun fut supris de n'avoir pas vu remplir par Vidoc? Ne doit-il pas s'estimer très-heureux d'avoir échappé aux justes marques d'indignation et de mépris qui auraient éclaté contre lui s'il avait été découvert dans l'exercice des humiliantes fonctions que vous lui aviez confiées?

La calomnie est encore un des moyens dont vous vous servez avec le plus de succès. Tantôt vous faites imprimer de petites brochures ornées de gravures qui représentent des noirs serrés les uns contre les autres, entassés dans une cale infecte, comme si toutes les lois de la Physique ne démontraient pas, d'une manière évidente, qu'il leur serait impossible de subsister un seul instant, ainsi privés d'air sous le ciel brûlant de la zône torride. Tantôt vous prétendez que les capitaines qui se trouvent poursuivis par des navires de guerre, jettent leurs captifs à la mer pour accélérer leur marche; accusation aussi infâme que ridicule, puisqu'en les supposant dépourvus de tout principe d'honneur et de morale, on ne peut pas penser qu'ils aient le plus léger intérêt pécuniaire à consommer un sacrifice aussi atroce; quelques dépravés que soient les hommes, on ne les voit jamais commettre un crime gratuitement et sans l'espoir d'en retirer quelques fruits : une perte totale serait moins onéreuse que la perte d'une cargaison d'esclaves, puisque le paiement des assurances, des frais de désarmement et autres dépasserait bientôt la valeur des bâtiments employés à ce genre de navigation, qui s'élève rarement, à leur retour, à plus de 15,000 à 20,000 fr. Enfin, vos dénonciations font souvent arrêter, dans nos ports, des bâtiments qui n'ont jamais eu la côte d'Afrique pour destination, comme si vous aviez pris à tâche de décourager notre commerce maritime, en ajoutant de nouvelles entraves à celles dont il est déjà hérissé ; qui peut vous inspirer une semblable conduite? Pourquoi vos écrits respirent-ils cette violence et cet emportement, indices certains d'une mauvaise cause? Pourquoi vous livrez-vous à ce vil espionnage? Nous pourrions répondre à toutes ces questions : il faut à certaines gens une réputation acquise à quelque prix que ce soit. On veut fixer les regards du public ; les uns montent sur les tréteaux du charlatanisme, en courant après une vaine ombre de gloire; les guinées de l'Angleterre circulent en France; mais glissons sur ce sujet; qu'il nous suffise de réfuter vos ineptes calomnies. Notre intention est de nous défendre et non d'attaquer : le cri de votre propre conscience sera plus fort que tout ce que nous pourrions vous dire à cet égard.

Puisque vous vous érigez en nouveaux apôtres de la Religion chrétienne, vous devez connaître nos Saintes Ecritures. Ouvrez le livre de Moyse, et vous y verrez : *Si quelqu'un frappe son esclave, et qu'il meurt sous sa main, il sera puni; mais, s'il ne meurt pas, il ne le sera pas, parce que c'est son argent.* Voilà le Saint-Esprit lui-même qui consacre l'esclavage, et qui vous ordonne de croire que l'esclave est l'*argent* de son maître. Vous, Messieurs, qui êtes tout en Dieu, tout dans le Christ, prosternez-vous devant ces saintes paroles, et confessez dévotement vos erreurs. Cependant, les esclaves dont il s'agissait n'étaient pas des noirs, c'était des blancs, des hommes entièrement semblables à nous. Nous n'avons jamais été aussi loin; jamais nous n'avons pensé que l'esclave fut l'argent de son maître; nous le considérons, au contraire, comme un serviteur, quelquefois même comme un ami qui mérite nos égards, nos soins et notre protection.

Sparte avait ses ilotes, Rome avait ses esclaves; l'esclavage est consacré par l'antiquité la plus reculée. Regardez donc comme des tyrans et des assassins les Socrate, les Léonidas et les Caton, que vous citez chaque jour comme des modèles de vertu. Vous admirez Antonin, Platon, Solon et quelques autres législateurs; cependant les lois qu'ils portèrent contre les esclaves étaient terribles, elles frappaient des hommes civilisés, en tout semblables à eux-mêmes, et parmi lesquels se distinguaient des génies dont les écrits ont bravé l'outrage des temps.

A Lacédémone, les esclaves ne pouvaient avoir aucune justice contre les insultes, ni contre les injures; leur malheur était tel, dit Montesquieu, qu'ils n'étaient pas seulement esclaves d'un citoyen, mais du public. Platon leur interdisait même la défense naturelle; ils appartenaient à tous et à un seul. A Rome, on confondait la blessure faite à un esclave et celle faite à une bête; on n'avait égard qu'à la diminution de leur prix. Le sénatus-consulte Sillanien ordonnait que, quand un citoyen serait tué, tous les esclaves qui s'étaient trouvés dans sa maison ou à peu de distance fussent mis à mort; si l'assassinat avait été commis pendant le cours d'un voyage, on faisait périr non-seulement les esclaves qui avaient abandonné leur maître, mais même ceux qui étaient restés à le défendre. *Le sénatus-consulte Sillanien*, ajoute l'auteur de l'Esprit des Lois, *était fondé sur le droit des gens, qui veut qu'une société, même imparfaite, se conserve.* L'ombre de Montesquieu ne doit-elle pas frémir ? hélas ! Messieurs de la morale chrétienne, une semblable doctrine ne mérite-t-elle pas un châtiment ? C'est à vous, Messieurs, de le lui infliger, en inscrivant son nom sur la liste de vos brigands et de vos assassins, à côté de ceux de tous les grands hommes de l'antiquité ; à moins que, devenus plus raisonnables, vous ne mettiez plus de modération dans vos discours, et que, si vous continuez encore à défendre votre opinion, du moins vous ne reconnaissiez qu'on peut posséder des esclaves sans mériter les ignobles qualifications que vous donnez aux Colons. Voilà le but que je me suis proposé en vous citant ces lois. Je ne prétends pas en devenir l'apologiste ; leur injustice était manifeste : c'était un joug pesant imposé par des hommes civilisés à des hommes également civilisés ; c'était l'œuvre d'une politique barbare qui privait l'Etat de citoyens utiles et éclairés, qui, par leur esprit, leur génie, leur courage et leurs vertus, ne différaient en rien des autres citoyens. Mais pouvons-nous en dire autant des Noirs ! Leurs goûts, leur intelligence, leurs passions n'établissent-elles pas entre eux et nous une ligne de démarcation encore plus prononcée que les différences qui existent entre notre conformation et la leur ? Pouvons-nous nous supposer la même origine, quand leurs facultés intellectuelles et leur organisation physique prouvent à l'observateur le moins attentif qu'il est impossible qu'ils ne soient pas d'une race à part? L'expérience des siècles ne démontre-t-elle pas que leur intelligence est trop bornée pour s'élever jusqu'aux lumières de la civilisation? Pouvons-nous nous reprocher de tenir dans l'esclavage nos semblables? Ecoutons, à cet égard, un écrivain que vous ne soupçonnerez pas de partialité. RAYNAL, liv. XI, ch. LXII, s'exprime en ces termes :

« L'Anatomie a découvert que, dans les Nègres, » la substance du cerveau était noirâtre, la glande » pinéale comme toute noire, et le sang d'un rouge » plus foncé que chez les Blancs. Leur peau est » toujours plus échauffée, leur pouls plus vif; » aussi la crainte et l'amour sont-ils portés à l'excès » chez ce peuple, et c'est ce qui le rend *plus ef-* » *féminé, plus paresseux, plus faible, et malheu-* » *reusement plus propre à l'esclavage.* D'ailleurs, » ses facultés intellectuelles étant presque épuisées » par les prodigalités de l'amour physique, *il n'a* » *ni mémoire ni intelligence pour suppléer par la* » *ruse à la force qui lui manque,* etc. »

La nature a créé parmi les hommes, ainsi que parmi les animaux, diverses espèces auxquelles elle a donné des facultés physiques et morales calculées pour qu'elles pussent pourvoir à leur con-

servation suivant leur conformation et le climat
sous lequel elle les avait placées. Il serait aussi
ridicule de dire qu'un Noir est de la même espèce
qu'un Blanc, que de soutenir qu'un énorme chien
de Terre-Neuve, couvert d'un poil long et touffu,
et qu'un instinct naturel fait plonger à plus de
dix pieds sous l'eau pour y aller chercher sa
nourriture, est de la même espèce que le petit
chien de la Chine, haut de quelques pouces, totalement dépourvu de poil, et qui fuit l'eau avec
crainte. La nature a donné à l'un et à l'autre des
facultés différentes, suivant les climats qu'ils de-
vaient habiter, suivant les ennemis qu'ils avaient
à combattre. Qu'on ne dise pas que les différences
dans la conformation peuvent, à la longue, prendre
leur origine dans les climats eux-mêmes. Depuis la
découverte de l'Amérique, il existe des familles
européennes qui se sont perpétuées de père en fils
sur son sol sans jamais le quitter. Leur couleur
s'est-elle altérée? Vous avez vu des enfants de
nègres nés en France de pères qui y avaient pris
eux-mêmes naissance; et, en conscience, Messieurs
de la Morale chrétienne, en étaient-ils plus blancs
pour cela?

N'est-il pas évident que Dieu qui, en formant
le monde, a si admirablement tout calculé depuis
le cours des astres jusqu'à l'organisation du plus
petit insecte, n'ait, pour divers climats, créé

diverses espèces d'hommes. Il a donné au Noir une chevelure serrée et excessivement touffue, un crâne plus épais et une transpiration huileuse pour le garantir de l'ardeur d'un soleil brûlant. Pour nous, qui vivons sous un ciel plus tempéré, il nous a formés avec de longs cheveux et une peau plus sèche. Pourquoi ces différences, qui frappent nos regards dans notre conformation et celles des Africains, n'existeraient-elles pas également au moral? Voyons si, pour satisfaire à nos besoins et veiller à notre conservation, il n'était pas nécessaire qu'il nous donnât une intelligence plus forte et plus industrieuse qu'aux habitants de l'Afrique. Et si nous reconnaissons ce fait, si nous avouons cette nécessité, comment douter que Dieu nous ait refusé cette supériorité d'intelligence qui nous était indispensable?

L'Africain trouve sa nourriture sans peine et sans efforts ; le bananier, le cocotier, le manioc et mille autres arbres viennent d'eux-mêmes et sans culture ; il n'a, pour ainsi dire, qu'à alonger la main pour trouver dans leurs fruits une abondante substance. Une case, formée de quelques pieux recouverts de feuillage et ouverte aux deux extrémités, suffit pour l'abriter. Il satisfait tous ses besoins physiques sans être contraint de se livrer à aucun travail pénible ; son esprit n'est jamais tendu pour prévenir des accidents qui pourraient le priver de ses soins assidus pendant toute une année, ou pour perfectionner les arts dont les améliorations seules peuvent ajouter à son bien-être et à sa tranquillité. L'Européen au contraire périrait infailliblement s'il s'abandonnait à la nonchalance et à la fainéantise du noir. Il faut qu'il déchire péniblement le sein de la terre pour lui arracher ses trésors. L'agriculture le contraint à creuser des mines, à façonner le fer et le bois, à calculer le cours des astres et l'inégalité des saisons, à diviser les propriétés, à établir des lois et des magistrats; mais ce n'est pas tout encore, la rigueur du froid le ferait périr, s'il ne construisait, pour s'en garantir, des maisons parfaitement clauses; ce qui nécessite la connaissance préliminaire de plusieurs arts. Il ne peut se passer de vêtements : il faut qu'il apprenne à filer le lin et la laine des brébis ; enfin il a besoin, pour se conserver, d'une activité, d'une intelligence beaucoup plus étendue que le noir. Si celui-ci n'a point le courage ni les qualités industrieuses de l'Européen, c'est qu'elles étaient inutiles à sa conservation, c'est que le climat qu'il habite diffère totalement du nôtre, que ses besoins sont moins grands et que la nature y a pourvu elle-même. Puisqu'on ne se lasse pas de faire des systèmes sur la manière dont l'Amérique a pu se peupler, a dit Voltaire, ne nous lassons pas de dire que celui qui fit naître des mouches dans ces climats y fit naître des hommes ; que si les Noirs sont hommes, vous ne pourrez vous refuser à convenir, Messieurs de la morale chrétienne, que du moins ils sont d'une espèce totalement différente de la nôtre ; que leur intelligence est plus bornée, et, pour nous servir encore des expressions de Raynal, qu'ils sont *plus paresseux, plus faibles et malheureusement plus propres à l'esclavage.*

Mais, nous direz-vous, nous convenons que les Noirs ne sont pas nos semblables ; mais pourquoi ne pas les laisser vivre en paix dans les climats qu'ils habitent, et pour lesquels vous prétendez qu'ils ont été formés? Pourquoi les transplanter dans un pays éloigné, après les avoir arrachés du sol qui les vit naître, pour les courber sous le joug d'un maître, et les plonger dans l'esclavage? Ils sont faibles, ils sont malheureux; à ces titres seuls, n'ont-ils pas des droits à notre pitié et même à notre protection ?

Toute société, toute réunion d'êtres animés, parmi les hommes comme parmi les animaux, ne se trouverait-elle pas bientôt anéantie, si, méprisant les lois de sa conservation, elle ne s'écartait souvent des lois les plus sévères de la justice et de la stricte équité. Nous ne dirons pas que la nature a voulu que certaines espèces ne pussent subsister qu'au détriment de quelques autres, vous nous répondriez que l'homme, doué seul d'intelligence, ne doit diriger sa conduite et toutes ses actions qu'en prenant le bon droit pour guide ; qu'il doit s'élever par la raison au-dessus de la tyrannie et de l'abus atroce de la force. S'il en est ainsi, Messieurs de la morale chrétienne, pourquoi forcez-vous le Juif et le Musulman qui habitent parmi vous, à payer des impôts, dont le produit est destiné à solder des hommes, voués par leur état, à combattre leurs opinions et leurs croyances. Pourquoi arrachez-vous aux familles leurs enfants, leurs soutiens, l'espoir des vieux jours d'un père, pour les traîner à la mort sur les champs de bataille? Pourquoi asservissez-vous le cheval au mors, et courbez-vous le bœuf sous un joug pesant, après l'avoir mutilé? Pourquoi, chaque jour de votre existence, coute-t-il la vie à plusieurs êtres vivants toutes ces actions ne; sont-elles pas un abus de la force? quelle tyrannie plus pénible que celle qui pèse sur un pauvre soldat? sa nourriture est-elle préférable à celle que nous donnons aux Nègres dans les Colonies? le nègre qui reçoit quelques coups de fouet, peine très-rarement infligée, est-il plus malheureux que le soldat anglais ou prussien qui gémit sous le bâton, ou que le soldat français que vous envoyez aux galères ou que vous fusillez pour un mot, pour un simple geste qui n'a souvent été inspiré que par un cœur généreux, pour une action enfin qui ferait l'objet de vos éloges dans un autre citoyen? Le bon ordre, la discipline réclament, direz-vous, ces mesures de rigueur dans l'intérèt général de la société. Eh bien! Messieurs, il en est de mème de l'esclavage des Noirs par rapport à la conservation de nós Colonies. Le jour où la traite des Noirs sera totalement anéantie, sera celui où commencera leur ruine, et le sort de notre marine, de notre commerce, et de nos manufactures, est lié à celui des Colonies. En suivant votre politique, toute platonique, nous nous verrions bientôt réduits à payer à l'Angleterre de honteux tributs. Si notre pavillon osait encore paraître dans les mers du Nouveau-Monde, ce ne serait qu'en se plaçant sous la protection du Léopard Britannique, dont les griffes redoutables nous menacent sans cesse, nous aurions alors tout le temps de nous occuper de vos rêveries moralico-chrétiennes. Ces nombreux ouvriers, qui peuplent nos ports et nos villes manufacturières, privés de travail, dont les fruits répandent l'aisance et le bonheur dans des milliers de familles, iraient puiser dans vos pieuses leçons une nourriture salutaire pour leurs âmes, et vous vous croiriez

sans doute dans l'obligation d'ajouter à cette
très-légère substance quelques morceaux de pain,
car enfin on ne vit pas de morale chrétienne.

La politique anglaise, si adroite, si astucieuse,
après s'être emparée du sceptre des mers,
voudrait totalement anéantir notre commerce :
les faibles relations que nous avons conservées
avec le Nouveau-Monde l'inquiètent ; elle désire
exploiter seule ces riches contrées.

Elle s'avance rapidement vers ce but, tantôt
en mettant en avant des principes de philantropie
et des idées généreuses, tantôt en méconnaissant
tout sentiment d'honneur et en bravant tout res-
pect humain lorsque le plus léger intérêt lui en
dicte la loi. Nous persuadrez-vous que c'est dans
l'intérêt de l'humanité que ces insulaires s'efforcent
de faire abolir la traite par tous les autres gouverne-
ments. Rappelez-vous Quiberon ; ces pontons et ces
prisons dans lesquels ils eurent l'infâme scéléra-
tesse de répartir, par petits nombres, 1200 de
nos frères prisonniers, et qui arrivaient du Por-
tugal attaqués d'une maladie contagieuse qu'ils
communiquèrent ainsi à tous les Français qu'ils
tenaient dans les fers. Tournez vos regards vers
Ispsara encore fumante d'un sang innocent livré
par la plus infâme des trahisons, sur les catho-
liques Irlandais qui gémissent dans l'oppression

et la misère ; considérez les malheureux habitants de la Grèce qu'ils laissent froidement égorger sous leurs yeux, et dont les cadavres flottants entourent les Isles-Ioniennes ; voyez l'Indostan où des millions de blancs se prosternent à leurs pieds en esclaves soumis ; Ceylan que tout récemment encore ils ont asservie, et dites-moi franchement si l'on peut croire à la générosité des sentiments de ce peuple : le droit des gens, la franchise sont méconnus dès que son intérêt parle. Il ne connaît qu'une loi, c'est celle de l'envahissement ; et vous ne rougissez pas de devenir ses auxiliaires ?

Les immenses possessions de l'Angleterre, dans l'Inde, sont suffisantes pour approvisionner l'Europe entière de toutes les productions de l'Amérique. L'Isle-de-France et la Jamaïque ne sont à ses yeux que des points militaires, dont la culture est de faible importance. Quels services retirerait-elle des bras des Africains ? Les Indiens ne sont-ils point en assez grand nombre pour assouvir son ambition, et quand elle aura ruiné nos Colonies, paisible possesseur des Indes Orientales, elle nous forcera à recevoir leurs produits au prix que son avarice voudra fixer : ce but vers lequel elle tend, elle y parviendra sans doute, grâces à notre imprévoyance et à notre faiblesse.

Vous soutenez que l'émancipation de nos colonies serait un bien et pour notre commerce et pour nos Colonies ; vous entassez sophisme sur sophisme, pour prouver qu'on doit désirer cet événement et le hâter par tous les efforts possibles ; qu'en rendant la liberté aux Colonies, elles y gagneraient, et que le négociant français y trouverait également de l'avantage ; voyons cependant qu'elles seraient les suites d'une semblable mesure.

Abandonnés par la Métropole, privés de troupes et livrés à eux-mêmes, les Colons lutteraient quelques années contre leurs esclaves ; mais enfin, trop peu nombreux, affaiblis bientôt par de pénibles efforts pour réprimer leur fureur, ils succomberaient ; les Noirs, après avoir massacré les Blancs, se reposeraient sur des débris fumants, et nous verrions à la Guadeloupe, à la Martinique, à Cayenne et à Bourbon, ces faibles débris de notre puissance dans le Nouveau-Monde, les sinistres événements qui se sont succédés à Saint-Domingue.

Mais, peut-être, conservant un reste de pitié pour ces brigands de Colons, vous consentiriez à les soustraire aux poignards des bons Noirs, et vous voudriez qu'on les transportât en France, en laissant aux enfants de l'Afrique le soin de leur gouvernement : quelle idée lumineuse vous auriez là. En vérité, si vous connaissez la morale, il faut convenir que vous n'êtes pas aussi familiarisés avec la politique, soit que vous laissiez aux Noirs le plaisir d'égorger leurs maîtres, soit que vous arrachiez ceux-ci à la mort dont ils seraient menacés, quels seraient les résultats de l'émancipation de nos colonies ? L'histoire de Saint-Domingue nous fournit une réponse.

La paresse, la mollesse et la fainéantise ont remplacé le travail et l'industrie ; plus d'agriculture ; une colonie, dont les produits seuls suffisaient à la consommation de la France, rapporte à peine quelques centaines de tonneaux de café. Vous avez vu les Noirs à la tête du gouvernement, sous le féroce Christophe ; jamais pouvoir fut-il plus atroce et plus éloigné de la civilisation ? Par une suite d'heureux événements, les Mulâtres ont enfin saisi les rênes de l'Etat. Mais leur joug est déjà odieux aux Nègres ; ils ne le supportent qu'avec impatience ; dès qu'ils en trouveront l'occasion, ils s'empresseront de le briser ; le sang coulera par torrents dans ces malheureux pays, et la liberté dont ils jouissent deviendra la plus odieuse licence. Voilà, Messieurs, le tableau que présenteront les Colonies après leur émancipation. Jamais un peuple noir ne sortira de l'esclavage sans tourner sa fureur contre lui-même, sans déchirer son propre sein. A qui pourra-t-on alors donner, à juste titre, le nom d'*assassin*, qui aura armé de poignards la main de ces malheureux ? Vous relirez vos brochures, vous vous rappellerez vos menées et vos calomnies. Je désire qu'alors votre conscience ne vous reproche rien. Périssent les Colonies plutôt qu'un principe, direz-vous avec un de vos dignes émules. S'il en est ainsi, les principes que vous professez sont des lois de proscription et de mort; vous parez le crime des dehors séduisants de la vertu, vous fascinez nos yeux pour nous dérober la vue du précipice dans lequel nous sommes prêts à nous abîmer.

Souvent, Messieurs, vous citez Saint-Domingue, pour prouver que les Noirs sont susceptibles de former une Nation civilisée. Vous vantez ses lois, sa constitution, ses richesses. Laissons les capitalistes imprudents, que vous avez engagés à conclure un emprunt avec ce gouvernement, répondre à vos brillants éloges. Les faits, du reste, parlent d'une manière assez évidente pour tout homme impartial : il voit, d'un côté, le pouvoir entre les mains d'un petit nombre de mulâtres, la terre en friche, l'industrie anéantie ; d'un côté l'opulence de quelques chefs, de l'autre la misère de tout le reste de la population. Le président Boyer, sentant qu'il faut contraindre les Noirs à travailler, a déjà fait des réglements qui ordonnent que les

Noirs qui n'ont ni état ni propriétés soient atta-
chés aux habitations. Cette mesure, sous un gouvernement moins faible, serait un esclavage réel.
Et n'en doutez pas, Messieurs, c'est le seul moyen
de rendre à ce pays la tranquillité et l'aisance; et
si les Mulâtres parviennent à augmenter l'influence
et le pouvoir qu'ils ont déjà, ils le rétabliront peu
à peu, et finiront par y accoutumer les Nègres.

Les partisans de la Traite des Noirs sont, à vous
en croire, des hommes dépourvus de tous sentiments généreux. Celui de vos coryphées, qui se
montre le plus acharné à soutenir cette doctrine,
est l'ancien évêque *Grégoire*; nous n'userons pas
de récriminations contre lui, ses accusations ne
peuvent blesser personne; elles ont si peu de force
quand on a lu certaine page de son histoire.

Les hommes les plus éclairés et les plus vertueux ont eu, avec nous, le malheur de ne pas
partager vos opinions. Washington, ce héros fon-
dateur de la liberté américaine, ce patriote si
désintéressé, dont la vie fut une longue suite
d'actions nobles, généreuses, possédait un grand
nombre de nègres esclaves. Edouard Rusthon lui
adressa un mémoire, dans lequel il cherchait à
faire ressortir une prétendue contradiction entre
les principes républicains qu'il professait et sa
conduite privée; Washington, pour toute réponse,
lui renvoya son mémoire enveloppé dans une feuille

de papier noir. Allons, vîte, Messieurs, taillez vos plumes, et démontrez au monde entier que ce grand homme, dont la mémoire est si chère aux Américains, n'est qu'un brigand et un assassin.

Mais, Messieurs, qui peut être à vos yeux plus coupable que l'homme qui a, le premier, donné l'idée de ce commerce ? Quel est le monstre, direz-vous, qui a enfanté cet horrible projet, qui a pensé qu'on pourrait trouver en Afrique des esclaves, et qui a conseillé d'y en aller chercher ? Hâtons-nous de vous le dénoncer ; c'est le vertueux évêque de Chiappo, c'est Las-Casas lui-même. Voilà encore, Messieurs, un de vos brigands et de vos assassins, dont la réputation et les vertus valent au moins les vôtres, et vous en conviendrez vous-mêmes, pourvu que vous ayez un peu de modestie.

Un projet de loi vient d'être présenté aux Chambres, arraché sans doute par les importunités de l'Angleterre. Mais nous sommes pleins de confiance dans les lumières et le patriotisme des Pairs et des Députés, et nous ne doutons pas qu'il ne soit promptement rejeté. Il existe, dans leur sein, des hommes qui ne craindront point de faire entendre les accents de la vérité et d'éclairer la religion de leurs collègues. Nous n'avons point oublié que la tribune a retenti, naguère, de l'éloquente défense des Colons Il est impossible qu'on n'élève pa de nouveau la voix pour combattre une loi qui amenerait la ruine de notre commerce et de notre industrie, en anéantissant l'un de leurs plus importants débouchés. C'était à vos amis, c'était à vous, Messieurs, qu'on parlait, quand, dans l'enceinte de la Chambre des Députés, on a prononcé ces paroles : « Je ne puis m'abstenir de vous dire » que ce ne fut point le droit de représailles que » les Noirs de Saint-Domingue exercèrent. Je ne » puis m'empêcher de répondre aux déclamations » accusatrices que l'esprit révolutionnaire a trop » souvent fait entendre à ce sujet ; et la réponse » se trouve tout naturellement dans le caractère » généreux, bon et hospitalier des Créoles, et » sur-tout dans la loi de leur intérêt, qui leur » commandait de soigner des esclaves qu'ils ache- » taient si cher, et qui leur étaient si utiles. Tout » le monde connaît cet ancien proverbe de Saint- » Domingue : Heureux comme un nègre galiffé » (*). » Un conseiller-d'état n'a pas craint de dé- fendre hautement la Traite des Noirs. M. Dudon, qui, dans ce moment, était sans doute l'organe d'un grand nombre de députés, a démontré que l'intérêt de la nation doit nous faire tenir à sa conservation.

(*) Voyez le *Moniteur* du 8 mars 1826.

Comme nous l'avons fait observer, Messieurs, vous n'avez pour la plupart jamais quitté le sol de la France. Vous vous plaisez à vous appitoyer d'abord sur les odieux traitements que vous prétendez que les traitants font éprouver aux esclaves nègres pendant la traversée d'Afrique en possessions européennes en Amérique ; ensuite sur les châtiments et sur les cruelles tortures que leur inflige un maître barbare, après leur arrivée aux Antilles. Votre imagination féconde se plaît à les représenter gémissant sous le joug le plus pesant. A défaut de faits, vous en inventez ; et, tout en faisant appel aux sentiments généreux et philantropiques, vous vous armez contre nous du mensonge et de la calomnie. Pour moi, Messieurs, qui ai passé en Amérique la plus grande partie de mon existence, et qui ai vu traiter des noirs en Afrique, je veux bien vous apprendre quelle est la condition des Noirs dans leur pays natal, de quelle manière se fait la Traite, et quelle est l'existence du nègre esclave en Amérique. Je rends ici le témoignage de mes propres yeux. Je vous défie de me réfuter en m'opposant une seule autorité respectable. Si je parviens à prouver, comme je n'en doute pas, que le sort de l'esclave noir en Amérique est plus heureux que celui de l'esclave noir en Afrique, la conséquence naturelle qu'on devra en tirer est que la Traite des Noirs, loin de blesser les lois de l'humanité, est un bienfait pour les malheureux dont on allège les fers en les transportant sous les ordres de maîtres plus doux et plus civilisés.

Quelle est la condition des Noirs en Afrique? Voilà la première question dont nous avons à nous occuper. Réunis sous les ordres d'une infinité de petits chefs, despotes absolus, qui ont sur eux droit de vie et de mort, leurs occupations se bornent à la chasse et à la guerre. L'intrépide Mongo Parck, qui a pénétré, à travers mille sortes de dangers, jusqu'au sein de l'Afrique, nous les représente comme dépourvus de toute civilisation. Les esclaves, dit-il, composent à peu près les trois quarts des habitants de l'Afrique. Le vêtement et la nourriture sont leur unique salaire. Il dépend du maître auquel ils appartiennent de les traiter avec douceur ou dureté. Comme vous le voyez, Messieurs, loin de vivre en liberté dans leur climat, sur 4 Africains il y en a 3 qui portent le nom d'*esclave*, et qui le sont dans toute la force de l'expression. Le 4e jouit d'une liberté, à peu près semblable à celle des Grecs, sous un pacha, c'est-à-dire que son maître peut lui enlever non-seulement tout ce qu'il possède, mais même encore l'existence. Sa situation est encore pire, puisque la moindre apparence de civilisation ne peut tempérer la férocité et l'abrutissement de son maître. Le tableau, que nous fait ce voyageur de l'intérieur de l'Afrique, est mille fois plus dégoûtant que celui que vos plumes, si habiles en inventions, ont tracé du sort des esclaves noirs dans nos colonies. Tantôt c'est une mère qui vend son enfant pour quelques bouteilles d'eau-de-vie, ou pour quelque nourriture ; tantôt c'est un maître qui fait froidement périr, sous les coups répétés du bambou, une malheureuse négresse dont le seul crime est de manquer de force : ce sont des massacres, des empoisonnements qui font frémir d'horreur. Consultez les capitaines que le commerce du morphil et de la poudre d'or ou des esclaves attirent en Afrique ; ils vous diront qu'au vieux Galabar, l'année dernière, le roi, pour célébrer son avènement au pouvoir fit sacrifier trois cents de ses semblables ; qu'à Boni, le roi Pépé fait, chaque année, dévorer un jeune enfant par les requins ; que souvent un chef assomme d'un coup de barre de fer ou tranche la tête à ses sujets, pour un caprice, sans cause, ou sur un simple soupçon. Ils vous diront que, quel que malheureux que puisse être leur sort dans nos colonies, il ne sera jamais aussi misérable que dans leur propre patrie.

Il semblerait cependant, à vous entendre, que les Africains vivent heureux dans leur pays, sous un gouvernement doux et paternel, et qu'on les arrache au bonheur et à la liberté pour les plonger dans le plus pénible esclavage.

Voyons maintenant comment se fait la Traite des Noirs par les Européens. Les navires qu'on emploie à cette navigation sont ordinairement de 150 tonneaux à 200 : ils sont construits de manière à fendre les flots avec une grande rapidité, afin de diminuer autant que possible la longueur des traversées. Arrivés à la côte d'Afrique, les capitaines ou les subrécargues s'abouchent avec le roi ou les courtiers du pays ; et, après être convenus du nombre d'esclaves qu'ils doivent recevoir, suivant la dimension de leurs navires et la valeur de la cargaison, ils mettent à terre leurs marchandises et font désarmer le navire. On traite habituellement un noir par tonneau ; ainsi, un navire de 200 tonneaux prendrait une cargaison de 200 noirs, à moins qu'on n'ait des enfants, et alors le nombre peut s'en augmenter.

On attend un mois, quelquefois même trois ou quatre mois, jusqu'à ce que le nombre d'hommes stipulé dans le marché ait été livré ; à mesure qu'on les reçoit, on les place sous des tentes faites exprès pour les loger jusqu'au départ du navire ; enfin, ce moment étant arrivé, on les fait embarquer et on met à la voile.

Les hommes sont placés dans la cale où on a établi un pont volant pour qu'ils y reposassent plus à leur aise. On n'a négligé aucune mesure de propreté et de salubrité ; des ventouses renouvellent l'air à chaque instant ; les écoutilles, qui sont d'une large dimension, restent sans cesse ouvertes. Pendant six heures de la journée, on fait monter sur le pont la moitié des nègres, afin qu'ils respirent un air pur ; l'autre moitié lui succède et y reste à son tour six autres heures ; pendant ce temps, on cherche à les égayer par tous les moyens possibles. Celui qu'on emploie avec le plus de succès est de les faire danser au son de quelque instrument, et on a toujours à cet effet à bord un homme qui sache en jouer.

Leur nourriture se compose de riz, de bananes et d'ignames auxquels ou ajoute, deux fois par semaine, du bœuf ou du lard salé ; ces distributions leur sont faites deux fois par jour ; quelquefois même on leur distribue une ration de liqueur spiritueuse, et cela a lieu plus particulièrement le dimanche. Il se trouve parmi l'équipage un médecin qui est sans cesse occupé à les soigner dès qu'ils ont la plus légère indisposition. Les femmes et les enfants logent en partie dans le même local que l'équipage, et ils ont la liberté d'aller partout : voilà, Messieurs, comme on traite les Noirs sur les navires. Voyez-vous là rien qui puisse faire rougir ; si vous ne nous supposez pas d'assez nobles sentiments pour prendre par humanité toutes ces précautions, du moins vous ne devriez pas nous croire assez ineptes pour sacrifier nos propres intérêts, en négligeant des mesures qui peuvent seules conserver l'existence d'hommes dont la mort entraînerait souvent notre ruine.

Mais, dites-vous, ces fers, ces *instruments de torture, dont l'application fait jaillir le sang*, et qu'un de nos amis a déposés aux pieds d'un prince auguste, ne sont-ils point des preuves authentiques de votre barbarie? Nous ignorons où vous avez trouvé ces prétendus instruments de torture; mais ce que nous pouvons attester sur l'honneur, c'est que jamais sur les navires faisant la traite on ne s'en est servi, et que s'ils ne vous ont pas été envoyés d'Espagne par vos amis de la très-sainte inquisition, il a fallu que vous les forgeassiez vous-mêmes. Il est bien vrai que la sûreté des équipages les force quelquefois à mettre les fers aux pieds des Noirs, quand ils se montrent insubordonnés et portés à la révolte ; mais ces fers ne sont point des instruments de torture; ils ne font aucun mal aux Noirs, ils préviennent seulement le massacre des Blancs. Si les Nègres connaissaient le sort qui les attend dans nos colonies, s'ils ne se figuraient pas que les Blancs veulent les dévorer, on n'aurait point besoin d'employer ces mesures pour les contenir dans l'ordre et la soumission.

Vous avez vu quelle était l'existence des Noirs à la côte d'Afrique ; il suffit de connaître le récit des voyageurs qui ont exploré leurs contrées pour ne pouvoir douter que l'esclavage dans lequel ils sont plongés, est le plus pénible de tous. Suivons-les jusque dans nos colonies ; voyons si leur sort y est plus malheureux.

A peine ont-ils touché le sol de l'Amérique, qu'on s'empresse de leur faire oublier les fatigues d'un voyage qui a duré tout au plus quarante à cinquante jours. Ils sont ensuite répartis sur diverses habitations où, pendant près d'une année, on n'exige d'eux presque aucun travail ; ce temps est consacré à les aclimater, à leur apprendre la langue créole, et enfin à leur donner des instructions religieuses. C'est ici le moment de vous faire observer à vous, Messieurs, qui semblez tenir tant à la morale chrétienne, que souvent les missionnaires ont tenté de porter en Afrique le flambeau de la foi, mais toujours vainement ; les Nègres ont toujours repoussé les lumières du christianisme, et, sans la Traite des Noirs, jamais peut-être on n'aurait converti un seul Africain à notre religion. Nous ne cherchons point à nous faire un mérite de ce fait ; si nous le citons ici, c'est parce que nous parlons à des hommes sur l'esprit desquels tout ce qui se rattache à la morale chrétienne doit être d'une grande influence, et que c'est peut-être l'argument le plus puissant que nous puissions employer avec d'aussi saints personnages que vous.

Quand ils ont reçu le baptême, on les marie à une compagne de leur choix. Le travail qu'ils ont à faire est proportionné à leurs forces; ils ont deux jours dans la semaine qu'ils peuvent consacrer à travailler pour eux-mêmes à un morceau de terre qui leur est abandonné par leurs maîtres. Ils peuvent fabriquer, pour vendre à la ville, de la cassave; on leur permet d'élever de la volaille, et de faire des paniers et des calbasses dont le produit leur donne les moyens de se procurer des vivres venant d'Europe, et des objets de parure. S'ils sont économes, on les voit, au bout de quelques années, amasser une somme d'argent suffisante pour racheter leur liberté, et il est rare que leur maître la leur refuse ou même ne prenne avec eux des arrangements pour le paiement de ce qui pourrait leur manquer, quand il a eu à se louer de leur conduite. Il faut comme vous, Messieurs, ne pas avoir la moindre idée juste des Colonies : il faut ignorer les notions les plus populaires pour nier ces faits et soutenir que les Nègres esclaves dans nos établissements ne sont pas traités avec douceur et modération. Si, après un séjour de quelques années dans nos colonies, on proposait aux Nègres qu'on y a transportés de retourner dans leur pays, il ne s'en trouverait pas un seul qui acceptât cette proposition. Il est facile de concevoir qu'ils doivent préférer la domination d'un Européen éclairé qui a le plus grand intérêt à les ménager, quand bien même sa religion et les idées de justice et d'honneur qu'il a contractées dès son enfance, ne lui en feraient pas une loi, au despotisme d'un nègre barbare et à demi sauvage, qui a sur eux droit de vie et de mort, et qui souvent les sacrifie par centaines à ces horribles fétiches, ou pour célébrer quelque événement important.

Je pourrais, Messieurs, continuant à vous peindre la situation des Noirs dans nos Colonies, vous parler des infirmeries qui existent sur toutes les habitations, et dans lesquels ils sont soignés dans leurs maladies avec tant d'attention et d'humanité; je pourrais vous retracer l'amitié qu'ils portent souvent à leurs maîtres, preuves incontestables qu'ils ne les regardent point comme des tyrans; avec un peu de bonne foi, vous conviendriez que non-seulement ils sont plus heureux dans nos Colonies qu'en Afrique, mais même que le sort de nos propres paysans est souvent moins agréable; qu'ils travaillent davantage, qu'ils sont plus mal nourris et moins bien vêtus, qu'ils manquent souvent des secours de la médecine dans leurs maladies et de pain dans leur viellesse; ce à quoi les Nègres ne sont pas exposés (*). Mais les bornes de cette lettre sont déjà assez étendues ; hâtons-nous d'arriver à la conclusion ; il en est un moyen d'adoucir le

---

(*) Le baron de Wimpffen, qui a publié la relation du voyage qu'il fit à Saint-Domingue en 1788, 1789 et 1790, comparant le sort du nègre esclave et du paysan européen, s'exprime ainsi :

Il est pourtant certain que, graces au climat, qui réduit à peu de chose la masse de leurs besoins ; graces à l'éducation, qui leur laisse ignorer des droits et des jouissances dont ils n'ont aucune idée ; graces à l'insouciance de leur caractère, à la légereté de leur esprit ; graces à l'intérêt que leurs maîtres ont à les ménager, le sort des nègres esclaves est, à tout prendre, et lorsqu'ils ont le bonheur d'appartenir à un homme qui ne mesure pas son humanité sur son avarice, préférable à celui des paysans de la plus grande partie des contrées européennes. Comparez leur existence. Sans autre propriété que l'incertaine rétribution d'un travail incertain, ou avec une propriété qui ne satisfait qu'aux plus pressants de ces besoin qu'à force de travaux et d'industrie, la subsistance du premier, celle de sa famille, et d'une famille souvent nombreuse, dépend, d'un jour à l'autre, du hasard, de sa santé ; d'une foule de circonstances, qu'il ne lui est pas même donné de prévoir, ou dont la prévoyance n'est qu'un nouveau malheur. Voyez-le tour-à-tour humilié par la prospérité, toujours humiliante, de ses égaux ; par l'orgueil de ses supérieurs ; par la comparaison de sa misère avec leur opulence ; enfin par toutes les distinctions qui composent la longue chaîne de subordination dont il est toujours le dernier anneau.

Il est libre à la vérité ; on le lui dit du moins ; mais, qu'est-ce que cette liberté pour un homme qui, dans quelque sens qu'il se meuve, est ou retenu, ou repoussé dans le cercle

sort des esclaves Nègres en Amérique ; ce n'est point de prohiber la traite, c'est, au contraire, de l'encourager, en assujétissant les armateurs et

---

du mal-aise qu'il cherche à franchir, tantôt par l'impuissance, qui ne lui rend sa misère que plus sensible ; tantôt par l'opinion qui ne lui fait que mieux sentir sa nullité ?

Il est, sans doute, sinon mieux, du moins plus vêtu que le nègre ; mais le nègre n'a pas besoin de vêtement ; le même habit qui n'est pour l'un qu'une affaire de luxe, est pour l'autre un objet d'une indispensable nécessité.

La chaumière de l'un est plus spacieuse, plus meublée que la case de l'autre ; mais ses réparations, son mobilier absorbent seuls une partie de ses facultés : il faut la réparer en été, il faut la chauffer en hiver.

L'un ne pourvoit à sa nourriture, à son vêtement, à l'acquit des charges publiques qu'avec du numéraire, difficile à se procurer, et dont l'autre n'a pas besoin.

A peine l'européen est-il parvenu, à force de travail, de privations, et d'une pénible industrie, à se procurer un moment de bien-être, qu'une triste prévoyance de l'avenir vient empoisonner sa fugitive jouissance, il faut penser à ses enfants qui grandissent, à la vieillesse qui approche ; s'il regarde autour de lui, il voit ses propres besoins se multiplier dans chacun des individus qui lui demandent le couvert, du pain, des habits ; s'il jette un coup d'œil sur lui-même, il voit ses bras énervés qui bientôt ne le secourront plus dans les combats qu'il doit encore livrer à la misère, contre laquelle il lutte depuis soixante ans.

Le nègre souffre, sans doute, mais, déchargé du soin de pourvoir lui-même aux besoins du moment pour lui, à ceux de l'avenir pour sa famille, il souffre moins des peines néces-

les capitaines à certains réglemens restrictifs ; c'est
de réformer le Code noir, de donner des récom-
penses aux habitants qui passeront pour traiter
leurs esclaves avec le plus de douceur et de bonté ;
de promettre la liberté à ceux qui seraient par-
venus à l'âge de 5o ans, sans avoir donné de
justes sujets de plainte de leur conduite ; de l'ac-
corder également aux mères qui auraient élevé
un certain nombre d'enfants jusqu'à l'âge de
puberté ; de punir les maîtres qui infligeraient une
correction corporelle, sans y avoir été autorisé par
un Magistrat nommé tout exprès. Les résultats

---

sairement attachées à son état, que des privations de certaines
jouissances.

Le malheur de celui-ci est donc ; si je puis m'exprimer
ainsi, local et négatif ; celui de l'autre est universel et positif,
il se répand sur toute son existence, sur tout ce qui tient à
lui, sur l'avenir comme sur le présent. Le sentiment de ce
qu'il souffre, le souvenir de ce qu'il a souffert, l'avertissent
de ce qu'il aura encore à souffrir. Quand le nègre a mangé
sa banane, il se couche ; et qu'un ouragan détruise avec les
récoltes l'espoir du cultivateur, qu'un incendie consume les
bâtiments élevés à grands frais ; qu'une commotion souterraine
engloutisse des villes ; que le fléau de la guerre dévaste les
campagnes, ou jonche l'océan des débris de nos flottes ; que
lui fait tout cela ? Enveloppé dans sa couverture et tranquil-
lement assis sur des ruines, il voit du même œil et la fumée
qu'il s'exhale de sa pipe, et les torrents de flammes qui dé-
vorent l'espoir de toute une génération.

(Tome 11 , page 45.)

de semblables réglements se feraient bientôt sentir d'une manière favorable ; bientôt les navires qu'on emploierait à la traite seraient plus vastes, les esclaves y seraient plus commodément logés , l'espoir de la liberté encouragerait le Noir à se mieux conduire, les mères prendraient plus de soin de leurs enfants qui seraient pour elles en espoir de liberté. L'habitant redoublerait de bons procédés pour ses esclaves ; la législation des Colonies, devenue plus douce, les Noirs sentiraient à peine le poids de leurs chaînes. L'habitant pourrait leur imposer une tâche moins forte encore, puisqu'ils se multiplieraient, et que leur prix devenant moins élevé il s'en procurerait une plus grande quantité pour le même prix.

Voilà, Messieurs, les moyens qu'une philosophie éclairée emploierait pour perfectionner notre système colonial ; non-seulement les colons et les esclaves s'en trouveraient bien, mais notre industrie, notre commerce et nos manufactures en éprouveraient les bienfaisants effets; les colonies doubleraient leurs produits. La Guyanne, cette terre si riche et si fertile que nous laissons en friche , deviendrait une province florissante , peuplée de plusieurs millions d'habitants. Grâces à cette riche possession, nous pourrions bientôt rivaliser avec l'Angleterre, et nous en tirerions toutes les épices qu'elle retire des Indes Orientales dont elle se montre si fière.

Cette lettre, Messieurs, est forte de vérités ; et vous garderez sans doute un prudent silence. Comment pourriez-vous y répondre ? par des injures grossières, manière de raisonner assez singulière, qui ne persuaderait personne. Par la calomnie ? c'est, nous l'avouons, une arme redoutable ; mais il faut aux Basiles, de nos jours, des mains plus fortes et plus habiles que les vôtres pour la manier. Ne devez-vous pas, d'ailleurs, être fatigués de voir, depuis si long-temps, vos brochures aller, chez l'épicier, envelopper ce sucre et ce café dont vous voudriez anéantir la culture ?

Je suis heureux, Messieurs, de trouver cette occasion de vous assurer de l'extrême considération avec laquelle j'ai l'honneur d'être,

Le plus humble de vos Serviteurs,

UN AMÉRICAIN.

Nantes, le 20 janvier 1827.